Arañas saltarinas

Claire Archer

ABDO

ARAÑAS

Kids

www.abdopublishing.com

Published by Abdo Kids, a division of ABDO, PO Box 398166, Minneapolis, Minnesota 55439.

Copyright © 2015 by Abdo Consulting Group, Inc. International copyrights reserved in all countries.
No part of this book may be reproduced in any form without written permission from the publisher.

Printed in the United States of America, North Mankato, Minnesota.

072014

092014

THIS BOOK CONTAINS
RECYCLED MATERIALS

Spanish Translators: Maria Reyes-Wrede, Maria Puchol

Photo Credits: Glow Images, Shutterstock, Thinkstock

Production Contributors: Teddy Borth, Jennie Forsberg, Grace Hansen

Design Contributors: Dorothy Toth, Renée LaViolette, Laura Rask

Library of Congress Control Number: 2014938904

Cataloging-in-Publication Data

Archer, Claire.

[Jumping spiders. Spanish]

Arañas saltarinas/ Claire Archer.

  p. cm. -- (Arañas)

ISBN 978-1-62970-367-1 (lib. bdg.)

Includes bibliographical references and index.

1. Jumping spiders--Juvenile literature. 2. Spanish language materials—Juvenile literature.   I. Title.

595.4--dc23

2014938904

Contenido

Arañas saltarinas

¡Las arañas saltarinas viven en casi todas partes! Es más probable encontrarlas en lugares cálidos.

4

¡Las arañas saltarinas
pueden saltar alto! De
ahí viene su nombre.

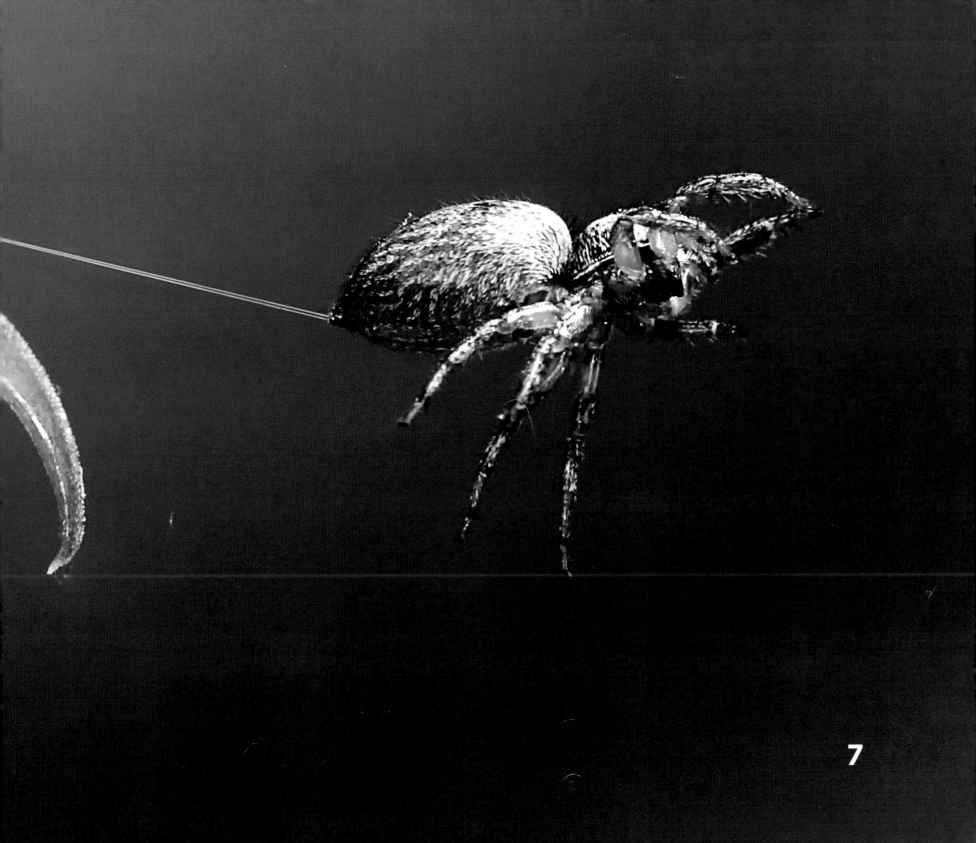

Las arañas saltarinas

pueden ser de diferentes

colores y tamaños.

8

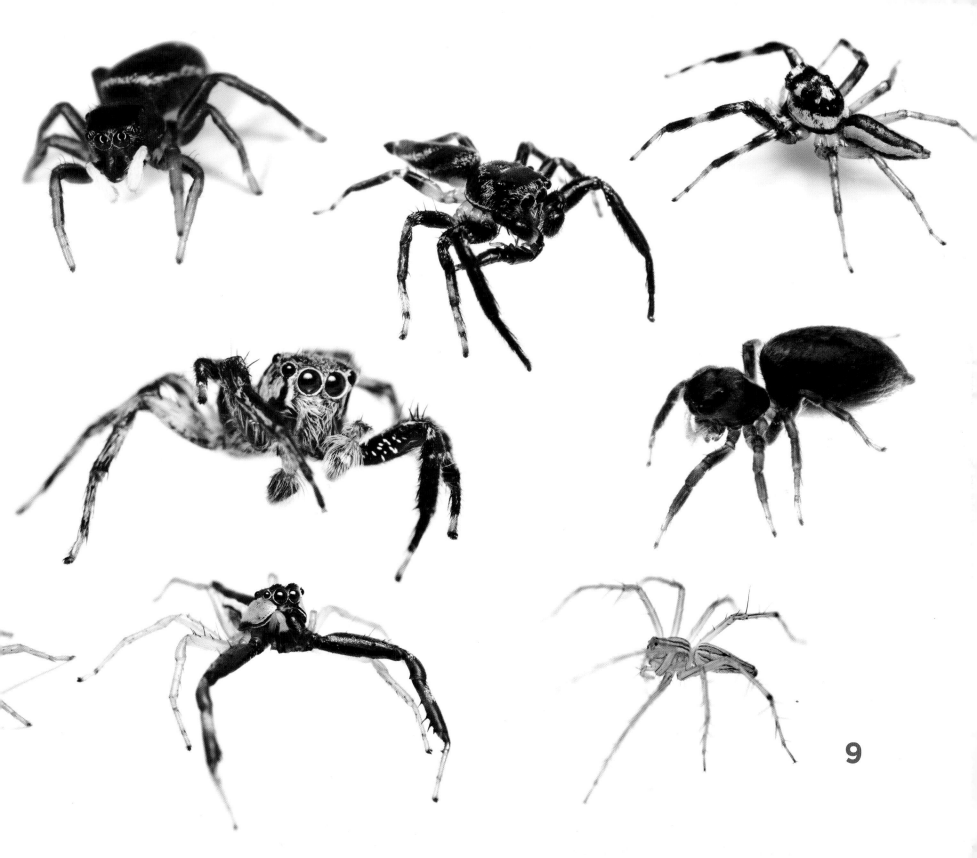

Muchas arañas saltarinas

son de colores vivos.

Pueden tener manchas.

11

Las arañas saltarinas tienen

ocho patas y ocho ojos.

Tienen un **excelente**

sentido de la vista.

Alimentación

Las arañas saltarinas no tejen
telas de araña. Cazan y saltan
para atrapar a sus presas.

15

Las arañas saltarinas les inyectan **veneno** a sus **presas** para **paralizarlas**.

Las arañas saltarinas
normalmente se alimentan
de otros insectos. Algunas
comen **néctar** y **polen**.

Crías de arañas saltarinas

La araña saltarina hembra

pone cientos de huevos.

Cuando nacen, a las crías

se las llama arañas **juveniles**.

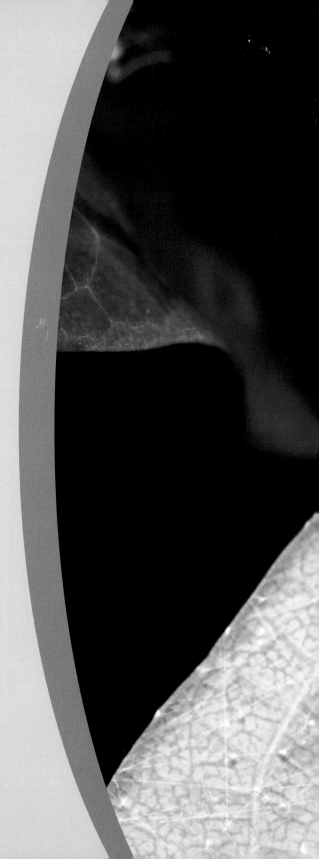

21

Más datos

- Hay alrededor de 5,000 especies diferentes de arañas saltarinas.

- En los Estados Unidos hay alrededor de 300 especies de arañas saltarinas.

- Las arañas saltarinas hacen pequeños refugios de seda para protegerse durante la noche o cuando llueve.

Glosario

excelente – muy bueno.

juveniles – crías de araña.

néctar – líquido dulce que producen las flores.

paralizar – perder el movimiento o sensibilidad de una parte del cuerpo.

polen - los pequeños granos amarillos que producen las flores.

presa – un animal que ha sido cazado por un depredador para comérselo.

veneno – sustancia tóxica que producen algunos insectos y animales. Se envenena a la víctima con un mordisco o una picadura.

Índice

abdokids.com

¡Usa este código para entrar a abdokids.com y tener acceso a juegos, arte, videos y mucho más!

Código Abdo Kids:
SJK0731